L'ECUEIL

© 2020, Jean-François Jabaudon

Édition : Books on Demand,
12/14 rond-Point des Champs-Elysées, 75008 Paris
Impression : BoD - Books on Demand, Norderstedt, Allemagne
ISBN : 9782322259748
Dépôt légal : novembre 2020

212° Fahrenheit

Par la fenêtre de son soir
Deux cents douze degrés far a night
La sueur de son visage
Ne coule plus sur son fard

Pas la fenêtre de son soir
Le soleil ne se couche plus
La lune a perdu l'oreiller
Elle pose sa tête sur le cendrier

Par la fenêtre de son soir
L'eau de la rivière à court bouillon
Deux cents douze degrés far a night
La goutte d'eau fait déborder la vase

Par la fenêtre de son soir
L'étoile polaire ne gèle plus
La grande ourse perd sa banquise
Si chaud au soleil des torrides

Par la fenêtre de son soir
Elle s'est éteinte comme une flamme
Qui n'aurait jamais que brûlé
Sans briller sans briller

Par la fenêtre de son soir
L'eau avait cessé de pleuvoir
On est tous resté abreuvoirs
Deux cents douze degrés far all live.

3/7/2020

Fan des 6ths

Bientôt Noël je m'entraine
A porter le masque de Zorro
Celui qui me bâillonnera
Demain pour taire mes oraux

Bas le masque, bas le masque
Six ans pour répondre
D'abord lever le doigt
Et puis lever le masque

Dans l'école de la république
La liberté de dire est morte
Devant juste un virus
Et tous ses attentats

Mon fils je ne te comprends pas
Parle plus fort parle plus fort
Ote le masque de ta bouche
Laisse entendre ton droit de dire

Le docteur a dit l'ersatz de Jaurès aussi
Tu dois te montrer sage
Obéir au bâillon pour t'habituer à la rage
Toi l'enfant sans nez et sans visage

Je regarde par la fenêtre de la classe
Je vois l'oiseau qui chante
Il mourra sans le cri du masque
En harmonie dans la nature

2/11/2050

Une autre vie

Il faut vivre une autre vie
Pour tourner autour du monde
Il faut remplir de nos rêves
Les nuages dans nos têtes

Je me suis précipité
Le temps si vite a passé
J'ai tout oublié de l'amour
Alors du monde un petit tour

Une autre vie pour de bon
Pas celle qu'on copie en brouillon
Ou bien qu'on laisse dans l'ombre
Au soir quand tombent les grands froids

Il faut vivre une autre vie
Dans un monde plat à l'infini
Qui arrête de tourner en rond
Quand je pose mon cœur sur ta peau
J'ai rêvé sur un croissant de lune
A une éclipse de ma première vie
Alors en premier homme sur la Terre
J'ai foulé l'empreinte d'une autre vie

Une autre vie qui m'emmène dans le ciel
Un aller retour en ange sur tes ailes
Pour doubler les années lumières
Et éclairer le monde de notre univers

Il faut vivre une autre vie
Pour enfin t'aimer à l'envers
Faire du temps un compte à rebours
Faire du vent une chanson d'amour

25/08/2020

La goutte d'eau

J'ai bu une goutte de pluie
Pourtant le temps n'était pas gris
Les nuages chargés d'infini
J'ai bu une goutte d'eau
Pourtant le temps était au beau
Le lac baignant ses flots

Vous êtes vous jamais baigné nu
Bercé entre goutte de pluie
Et goutte d'eau
N'avez-vous jamais senti sur votre peau
Cette source d'en haut
Cette goutte d'eau

J'ai avalé un rayon de soleil
Pourtant le soir n'était pas si noir
Le crépuscule sans étoiles
J'ai avalé un rayon de lune
Pourtant il y avait des lustres
Ses clairs et ses éclairs
Vous êtes-vous jamais miré nu
Bercé en rayon de soleil
El clair de lune
N'avez vous jamais senti sur votre peau
Cette chaleur d'en haut
Cette goutte d'eau

17/09/2020

Le passant du monde

Je suis le passant du monde
J'ai chaussé mes patines
Pour glisser sur les chemins
Ne pas abimer
Les parquets de gazon

Je suis le passant du monde
Je suis resté muet
Pour semer tous mes silences
Ne pas réveiller
Les paroles du vent

Je suis le passant du monde
Je suis baigné de nu
Pour plonger tête profonde
Ne pas assécher
Les reflets des courants

Mais en passant au bord du monde
J'ai contemplé le ciel sans fin
J'ai jeté un petit caillou
Pour qu'il s'envole comme une étoile

Je suis le sommeil du monde
J'ai parcouru l'éternité
Les étoiles sont des rêves
Ne pas réveiller
La léthargie des anges

27/06/2020

L'autiste

L'eau twist dans ma tête
Je me suis noyé dans un verre
Mon père ne me parlait guère
Sauf parfois de ses guerres
Ma mère ne me parlait pas
Sauf parfois en criant ses silences

Alors l'eau twist dans ma tête
En perfusion en goutte à goutte
J'essaye d'apprendre à les compter
J'arrive à deux je suis noyé
L'eau twist ça s'apprend tout bébé
Une façon de naitre yéyé

L'eau twist dans ma tête
Je voyais le monde danser
La valse lente des gens qui tournent
Je ne savais qu'à petit pas
Marcher dans les traces du monde
Et twister seul dans mon tiers monde
L'eau twist un matin a coulé
J'ai brisé d'une larme le passé
Ma prison sur ma joue a séché
Je me suis évadé en géant
Et j'ai pu sur l'air de l'eau twist
Nager ce jour ma liberté

29/09/2020

L'enfant

L'enfant n'a que ces yeux
Pour peindre en bleu le ciel
L'enfant n'a que demain
Pour rêver en chemin

L'enfant n'a que le rire
Pour offrir en sourire
Le silence de la vie
Qui tapissent les beaux jours

L'enfant a perdu l'âge
Depuis longtemps déjà
De comprendre le monde
Et ses terres sauvages

L'enfant a la mémoire
De sa maternité
L'enfant a le pouvoir
Sur son éternité
Je m'en vais couper l'âge
Couper l'âge à l'enfant
Pour que jour après jour
D'infini il repousse

Je m'en vais fleurir l'âge
Sur ses tous premiers mots
Pour qu'ils ne meurent pas
Muets comme une tombe

L'enfant n'a pas de Dieu
L'enfant ne prie jamais
Tout le bonheur du monde
Lui tombe dans le cœur

On n'a droit qu'une fois
Pourtant on ne sait plus
Quand on était gamin
De regarder les lignes
Les lignes de la main
Pour choisir un destin

Poupy

8/7/2020

Arrête ta bande

Si tu crois vouloir
M'imaginer nue sans me voir
Et m'apercevoir
En robe moulée dans le soir
Pointer tes regards
Sur le bas du dos du miroir

Alors

Arrête là ta bande
Arrête là ta bande
Regarde-moi en femme
Pas en envie de moi

Si tu crois pouvoir
M'attirer nue dans tes bras
Et me découvrir
En étoile dans le noir
Loin dans les hasards
Me frôler d'abord puis me boire
Alors

Arrête là ta bande
Arrête là ta bande
Regarde-moi en femme
Pas en envie de moi

Si tu crois savoir
Me déshabiller de mémoire
Et sans au revoir
Partir pour toujours sans histoire

Alors pleine d'espoir
Je m'offrirai à ton regard

Mais pour l'heure

Va faire ta bande à part
Va faire ta bande à part
Regarde-moi de loin
Pour toi je ne suis rien

29/09/2020

Éclat de lune

Puisqu'il nous faut un jour
Partir vers les toujours
En glissant de nos mains
Le dernier pas d'amour
Puisqu'il faut mon amour
Se séparer matin
Et rendre ce soupir
A l'aube de demain
Du sommeil si lourd

Alors prends moi dans tes rêves
Juste pour être à nous un peu
Avant de prendre le chemin
Qu'on se quitte à deux

Puisqu'il nous faut un jour
Effacer nos mémoires
En refermant les yeux
Sur nos rêves les plus fous
Puisque l'amour s'arrête
Quand débute le temps
De se quitter d'ivresse
Pour dernière seconde
Je veux serrer ton cœur

Alors prends moi dans tes rêves
Juste pour être à nous un peu
Avant de quitter heureux
Nos regards des yeux

Puisqu'il nous faut un jour
S'endormir de paresse
Ivre de la caresse
D'un sanglot qu'on murmure
Puisque l'amour s'achève
Au-delà de l'amour
Sans espoir de retour
Qui dans l'éternité
Perd sa lueur de velours

Alors prends moi dans tes rêves
Juste pour être à nous un peu
Avant que le grand sommeil
Ne nous dise un adieu

06/09/2020

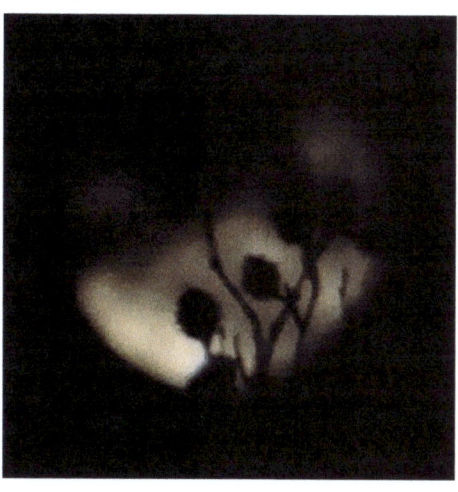

Le Pont de Montvert

Elle sourcille Edgar dans la lumière du soir
Elle tresse son panier en osier de regards
Pour vanner de toutes les couleurs
Pour y glisser l'amour jusqu'aux pleurs

Edgar se lève à l'heure des fourneaux
Elle sent comme un frisson qui descend dans le dos
Elle regarde ses mains trembler
Caresser les festins de la pointe d'un sein

Et elle écrit sa vie
Entre ses mains
Pour jamais

Tout au Pont de Montvert
Tout au Pont de Montvert
Le Tarn dans son lit la berce

Sous le Pont de Montvert
Sous le Pont de Montvert
Seule sur son île au Trésor

Elle longe la rivière d'aval en amont
Sans jamais traverser d'un soupir le pont
Elle sait comme la truite enchantée
Que seuls les amours se traversent à gai

Quand dans les couleurs de l'hiver
Dans le brouillard elle perd la pierre
Le vent caresse sa Lozère

Tout au Pont au Pont de son Vert

Et elle lui confie sa vie
Au bout de son cœur
Pour toujours

Tout au Pont de Montvert
Tout au Pont de Montvert
Le Tarn dans son lit la berce

Sous le Pont de Montvert
Sous le Pont de Montvert
Sur son île au Trésor
Elle dort elle dort, sous le Pont d'Edgar

A Corinne et Edgar

24/08/2020

L'Homme

L'homme un jour créa Dieu
Pour regarder les jours se prolonger la nuit
Et taire dans l'oubli
La faiblesse des envies
L'homme un jour est monté jusqu'aux plus haut des cieux
Pour regarder le monde se plonger dans la nuit
Bâtir un nouveau monde
Au lieu de le faire vivre

L'homme s'est pris pour Dieu
L'homme s'est épris de Dieu
L'homme n'est qu'un prie Dieu

L'homme a joué à Dieu
Pour combler son ennui dilapider sa vie
Et taire au monde entier
Son manque de pitié
L'homme un jour s'est pendu jusqu'à s'en crucifier
Et provoquer le ciel au nom de l'éternel
Marcher sur les genoux
Au lieu de rester fier

L'homme s'est pris pour Dieu
L'homme s'est épris de Dieu
L'homme n'est qu'un prie Dieu

Mais Dieu voyant cet homme
Se mesurer à lui en couronne d'épines
Un jour le sacra roi

Et brisa son royaume
L'homme s'en est allé au plus bas des enfers
Pour vivre dans la nuit plus bas que l'univers
Souffrir d'un autre monde
Au lieu que d'y sourire

Cet homme qui s'était pris pour Dieu
Cet homme qui c'était écrit
N'aura jamais ni Dieu ni Maitre

28/09/2020

La course de l'eau

J'ai fixé mon regard sur la source. La source de toute chose. La naissance du lendemain.
Un premier instant qui scintille, qui bouillonne entre deux petits cailloux et une feuille d'automne qui grelotte.
Mon regard l'a fixée dans ma mémoire, accompagné par ce bruit du filet d'eau qui coule de ce robinet naturel.
Et puis s'est dessiné sur l'oubli du flux qui se perd l'oubli du futur qui s'enfuit.
La goutte est la seconde fluide du temps.
Je capte ma solitude : pas celle qui rend égoïste, mais celle nécessaire à la recherche de l'absolu, sans personne pour la délaver.
Celle qui me sauve, qui ne me fait pas devenir Dieu, qui ne me décourage jamais.
Celle de l'instant.
La mousse s'essore pour délivrer la verte jouvence des prémices.
Elle tremble de l'incertitude des horizons. Mais elle connaît déjà la démesure du lointain.
Demain sera le ru. Un pied de large et déjà deux rives. L'aval est déjà attiré par l'amont.
Le courant file déjà vers de la pente de la fuite des jours.
Le ru glougloutte. Il a la fraîcheur des mains mouillées que l'on porte sur les yeux fermés. Une renaissance, un bain de jouvence.

Si l'on sait le respecter, on pourra même tenter une obole de soif entre les paumes réunies pour la prière dédiée à la limpidité des flots.
Quelques fourmis, quelques empreintes d'insectes bordent ce chenal naissant.
Puis vient le ruisseau. Sans qu'on sache vraiment où il commence, où il finit.
Le ruisseau se descend en coquille de noix, affublée de la voile d'une feuille de vigne pressée de la couleur du soleil couchant. Les vaguelettes de houle campagnarde la porte en dandinement dont un canard pourrait être fier. Un mal de mer d'eau douce. La fragilité de la vie et de ses épreuves.
Le ruisseau parcourt les champs, saute sous les fils barbelés, évite élégamment les bouses de vaches dont il ne saurait répandre les odeurs fétides. Le ruisseau, égérie de Rousseau, tient à ses lettres de noblesse.
On le sautille volontiers, et si l'on l'aime vraiment, se déchausser pour sentir le fluide chatouiller ses doigts de pieds est une audace que la nature vous réserve.
Cinq sous marin qui viennent hisser le périscope pour suivre la petite coquille et la guider d'autrefois à tout jamais.
Au loin, le torrent qui se dessine. Le tumulte du monde qui éclate sur les rochers les embruns partout dans l'atmosphère.
Sa violence aussi. Mais, caché au creux du rivage, les marmites.
Alors, pas d'hésitation. On quitte ses habits, sa pudeur. On redevient puceau de la vie.

On plonge dans la température. Le froid, le chaud n'existent plus.
La marmite vous cuisine et fait de vous un met de choix.
Au fond, les cailloux plantés de quelques millénaires que vous ramassez en plongeant.
Au moins, vous tenez le passé entre vos mains.
Les branchages tremblent leurs reflets au ciel jonchés de nuages.
Tout à coup, le tumulte s'apaise.
Explosant l'infini, insondable nappe aux couleurs variant du cuivre, au turquoise, à l'émeraude, s'étale le lac.
Ma coquille de noix va s'y reposer.
Le reflet est sa seule vraie robe. Le poisson est son hôte.
La surface métallique laisse passer les brulures du soleil. Je caresse en massage solaire sur ma peau les rayons que l'espace m'apporte en indicible voile de guérison.
Je vais loin. Je retourne vers la source, vers l'orée du torrent.
Ma solitude me porte. Je pense à toi puisque je suis seul. Pas de compromis. Mon alter ego si loin, tu me rejoins. D'ici je peux t'aimer d'absolu. Je nage et mes mains s'évadent vers le ciel pour revenir caresser ton corps. Je suis nu. Peut-on aimer sans être nu ?
Sans être celui qu'on est vraiment ?
Le crépuscule du lac impose ses ombres vers la rivière qui s'écoule là bas tout au bout.
La rivière, c'est juste un torrent qui aurait aimé dans son lit de passion et qui rêve maintenant aux doux

futurs de l'amour. C'est le lac qui s'évade et qu'on ne peut retenir.

C'est l'équilibre qui impose son rythme aux pluies de joie.

Le méandre est l'unité de calme et de repos. Le chemin de halage serpente dans les prés.

Circonvolutions de mon cortex où l'imagination se laisse entrainer.

La vue est verte et l'horizon déraisonnable d'immensité.

Une mouette muette se pose sur le nuage. Une odeur de large qui s'insinue entre les paupières de mon odorat. Je cligne de tout mon être. L'espace s'ouvre vers un univers que l'homme ne maitrise pas. L'océan est le plus grand des univers terrestres.

Même la rivière s'y noie. La profondeur de notre amour devient abyssale.

Tu deviens sirène. Je te perds dans les coraux. Je ne te reverrai plus. Mais je sais que tu es là. Dans nos deux solitudes réunies à jamais, c'est notre amour qui nous mènera au ciel. Te voir ne me suffit plus, j'ai besoin de ne plus te voir.

Pas de compromis, pas de concession, pas d'habitudes ni de haines désuètes.

Juste toi et moi loin de nous
Loin des autres et de Dieu
Juste toi et moi loin de nous
Si près de nous, si près de nous

La Dédé

C'est mercredi jour de marché
La vieille Dédé s'est affublée
De sa vieille peau ridée
Que le soleil peut lui tanner

Elle referme la porte
Sur le ministre d'intérieur
Elle respire par les yeux
L'horizon et son extérieur

Elle s'avance à pas menus
Dans le couloir des errants
Les bananes rigolent
Les oranges batifolent

C'est la seule qu'on reconnaît
Sans fardage et sans masque à ras
Les années voutent sa canne
Autour d'elle tout cancane

Au stand multicolore
Elle achète les bonbons bleu ciel
Elle refait sa vie à l'envers
Quand les autres la perdent à l'endroit

Au loin le port képi l'a aperçue
La loi et son port d'âmes
Un reflet de larme dans les yeux
Dédé je dois te verbaliser

Il est beau elle le voit lui sourit
L'argent ne lui fait pas peur
Un regard de liberté
Un dernier souffle démasqué

Dédé est rentrée dans son monde
Celui qu'on regrette déjà
Dédé quand elle était blonde
Etait la plus jolie au village

A Dédé, que j'ai tant accueillie

La face cachée de ma couille

Un rayon de lune a éclairé
Ma couille gauche
C'est joli un rayon de lune
Un rayon de lune a réchauffé
Ma couille gauche
C'est bon une érection de lune

Mon caleçon baillait au clair de lune
La lune en a profité
Une paire pour le prix d'une couillle
C'est joli une paire de lune
Une montante une autre descendante
Comme le coucou de mes deux couilles

Puis un nuage est passé
Il a plu sur la lune
Elle a joué à couille-mouille
J'avais oublié mon paracouille
L'eau coulait à qui mouille mouille
Je pleurais à qui couille couille
La lune n'est jamais revenue
Ma couille gauche revêtue
Je l'ai remise dans mes fouilles
Elle est depuis escamotée
Elle est restée inexplorée
Sur la face cachée de la lune

06/06/2020

La Flo

La Flo elle joue pas du piano
Elle danse avec les mots
Des je t'aime
Les doigts qui se pendent aux cordes
En pincent pour sa guitare
Quand elle chante

La Flo elle aime les chansons tristes
Qu'elle pleure comme une artiste
De sa voix
Les accords qu'elle offre à nos vies
Riment avec nos amours
On oublie

La Flo elle remonte le temps
En grattant dans l'espace
Quelques notes
Que même Dieu par miracle
Ne saurait inventer
En présage
La Flo a les yeux qui pétillent
Elle vous maquille la vie
De mirettes
Chaque fois sur sa portée
Elle écrit ses sourires
Ses pensées

3/11/2020

La goutte de pluie

Quand le ciel s'assombrit
Noir de mauvais présages
Que le ciel se fait gris
D'avenir en orage

Quand le soleil s'enfuit
En horizon d'hiver
Que l'amour te fait mal
Brise son cri de cristal

Je te pose en averse
Une goutte de pluie
Pleurant de mon visage
Une goutte de pluie
Pleuvant de mon nuage

Je te pose en caresse
Cette larme de vie
Qui puise ma tendresse
Au creux d'un puits d'amour
La vérité fait jour

Dans ton mouchoir de soie
De mon cœur qui larmoie
J'ai glissé cette goutte
Pour qu'il ne sèche pas

Je sais que dans la joie
Tu mouilleras ton émoi
Et je boirai un doigt
De cette goutte en moi

Je te pose en averse
Une goutte de pluie
Pleurant de mon visage
Une goutte de pluie
Pleuvant de mon nuage

28/08/2020

La source

Près de la source coule le Tarn
Agé juste de ces deux seules berges
La mousse fait éponge au temps
J'essuie ma free mousse sous le vent

Et toi Nadine qui noie ta liberté
Et toi Doudou qui se cache du soleil
Pourquoi ton regard, Serge qui happe les lointains ?

Près de la pierre j'aiguise ma larme
Une goutte d'eau à ce moulin
Demain elle sera à la mer
Voguant au plus loin de mes rêves

Et toi Marc qui poursuis les futurs
Et toi Coco qui se nourrit de beau
En regardant la Flo refléter son roseau

Il est l'heure de laisser la combe s'humidifier
On a croisé le fil du temps
On a tissé le fil de l'eau
Le Tarn a guidé la montagne

Mais le petit de deux berges doit s'endormir maintenant

Laissant Isa dresser câlin
Laissant le Tarn couler mâtin

13/10/2020

La Troubadour

Je m'en suis été
Vers lit vers
En dévers un pré vert
De vers lents

Je suis tout retourné
Au pont de mon vert
J'y suis passé à gai
En guêtres et avoir été

J'ouvre de tout mon saoul
Venir et revenir d'été
Mon visage se noie
De Coco en cookies

Je m'en fuis hiver
Les fraises à neige
Poussent en décembre
Noël en Toussaint de glace

Je m'en viendrai d'hier
Le temps des hommes est mort
Vivaldi s'est trompé
La pizza n'est plus de quatre saisons

Je m'en soie été
Au fil des cocons
J'ai faim j'ai la mygale
Et je tisse ma toile

Pour lit vers
Pour lit rêves
A lent vers
A l'envers

La célèbre troubadour Flozère Carflorac
Parchemin daté au carbone 14 de quelques
minutes à peine

La vie

La vie ça vous gratte les jours
La vie vous caresse l'amour
La vie vient un jour sans détours
La vie embaumer vos toujours

C'est la vie que j'aime
Celle des futurs incertains
La vie éternelle
Des demain

Une chance sur des milliards
Gagnée au grand jeu du hasard
La vie traverse les brouillards
Pour vous éblouir en plein phare

C'est la vie que j'aime
Celle des futurs lointains
La vie est belle
De ses demain

Bien sûr il y a ceux qui en meurent
Mais aussi ceux qui l'ont si dure
Qui aiment à la vie à la mort
La vie est le verbe vouloir

C'est la vie que j'aime
Celle des futurs lendemains
La vie m'appelle
Me temps les mains

29/09/2020

La chasse

La brume me voilait en souvenirs d'automne
Je pensais la forêt dans les sentiers du monde
Caché dans mon pays j'écrivais sur les feuilles
Tombées des châtaigniers en milliers de couleur

C'était ma France

Puis ils sont arrivés en disant partager
Les chiens et les enfants sous la même couvée
Leurs regards de plomb leurs fusils aliénés
Qui blessaient la nature du rouge des morsures

C'était ma sous France

Vite je me suis caché derrière un gros bolet
La chasse à l'homme ça fait baver les dents
Les chiens deviennent loups quand ils sentent le sang
Pour le plomb dans la tête c'était pas jour de chance

C'était Trembler en France

Alors je suis parti regagner ma maison
La semaine de cinq jours des fusils dans les bois
Pas d'ausweis pour les promeneurs du week-end
Le sanglier est devenu couleur fluo

Alors j'ai écrit cette lettre à France
Pour un peu plus de chasse te tait.

Le garde fou

Les fous le deviennent de rire
Sans savoir à qui ils ressemblent
Puis soudain furieux d'être fous
Ils pleurent à lier en silence
Dans l'univers d'être nés fous
Seuls perdus dans un monde à part

Fais pas le fou, petit
Fais pas le fou
On reste prisonnier
Quand on veut s'évader
De leur réalité
C'est le garde fou

Je le sais je suis un né fou
Je ne comprenais pas le monde
Pourtant tout le monde voyait
Pourtant tout le monde savait
On ne m'a jamais rien dit
Je n'en ai jamais rien su
Fais pas le fou, petit
Fais pas le fou
On reste prisonnier
Quand on veut s'évader
De leur réalité
C'est le garde fou

Mais le monde est aux mains des fous
Qui ne comprennent pas le monde
Moi je sais qu'ils sont bien gardés
Asiles politiques dorés

Ils ont dû naitre de fous rire
Nous faire pleurer à folles larmes

Fais pas le fou, petit
Fais pas le fou
Vis ta réalité
Deviens fou d'amour d'elle
C'est ta réalité
C'est ton garde fou

03/09/2020

Le jardin

J'attendais dans le jardin
Tu n'marchais plus sur tes mains
Tu semais les petits cailloux
Jalonnant tes lendemains

Pour toujours

J'accrochais à mon râteau
Tes dents avec mes ratiches
Pour tracer en déraison
Nos rires des quatre saisons

Pleins d'humour

Je regardais vers le ciel
Tu volais comme une abeille
En butinant l'arc en ciel
Pour remplir mon cœur de miel

De beaux jours

J'ai planté dans l'avenir
Un grand carré d'herbes folles
Pour que tu puisses rêver
Et cacher tous tes chagrins

D'amour

J'ai enfouis une lumière
Abat jour en verre de terre
Pour que tu puisses comprendre

Que le monde est en souffrance

Si lourd

J'attendrai dans le jardin
Ton premier printemps qui sonne
Pour qu'il pousse dans le temps
Mon envie de cent ans

Avec toi

23/10/2020

Le muret des Ebihens

*Avertissement : cette nouvelle est une pure fiction s'inspirant de faits historiques.
Aujourd'hui, l'île est habitée par cinq propriétaires au rythme des marées*

Le mur longeait sa vie comme une épouse fidèle. Il s'y était attaché.
Les pierres apparentes se juxtaposaient sans dessus dessous en un incroyable mélange hétérogène menant à l'homogène absolu.
Un travail d'artiste, guidé par son destin. Touche après touche, mélange du pinceau fin de la patience avec le pochoir couvrant la surface du temps.

Les pierres se posaient peu à eu en images de sa vie. Une construction de bric et de broc d'évidence, mais savamment organisée au fil des ans.

Chacun de nous se construit ainsi dans cette sorte de hasard que nous tentons de modeler pour arriver à cette perception qui bâtit nos certitudes au cours des années qui défilent.

Des pans de murs, des pans de vie.

Au tout début, comme un pilier dont on hérite à la naissance.

Crépi de qualités, pétri du ciment de nos volontés. A la hauteur de nos ambitions.

Le point de départ de nos expériences. Le petit caillou des premiers « areu »

Puis, la grosse pierre plate pour bien se tenir debout, pour marcher puis prendre conscience de soi-même et des autres.

Le mur montre la direction. Il se battit de jour en jour. On doit prévoir la taille des pierres, leurs places, la hauteur de l'édifice. Interdit de ne pas suivre le fil à plomb au fil de l'eau.
Même sur cette île, il a son utilité. Il protège du vent, du crachin, de la vue de l'autre, de son intimité.
Jean-Georges s'accroche ainsi à la Terre. Il communie, il grandit. Quiconque longe l'œuvre de cette vie détourne le regard. On n'a pas le droit de s'immiscer dans l'accomplissement de Jean-Georges. C'est trop facile. On rencontre tant de grillages trop fins, rouillés, des haies vives confiées au hasard. Des fils de vie qui, tortueux, ne mènent nulle part.
Ce que Jean-Georges peut, âme qui passe doit vouloir.
Plus loin, quelques premières géodes de quartz, symbole de son adolescence.
Elles brillent, ternies quelque peu dans l'oubli des années, comme une étoile fossilisée qui garderait toute son immortalité.
Jean-Georges les astique. Elles parviennent à briller quelques heures, le temps de se souvenir.
Quartz rose de son premier amour.
Puis il faut bien continuer. Même si le présent est difficile à forger. Les pierres sont de plus en plus friables. Il faut faire preuve de plus de sureté, d'imagination aussi. L'agencement du futur devient de plus en plus complexe. L'expérience amassée cimente chaque minute ces pépites qui soudent maintenant les quelques plaisirs dédiés à l'élégance de ce muret.

Eternité moulée dans le port élancé de ce bâtiment de pierrailles.
Jean-Georges souffle. La chaleur du soleil promet de l'ombre à son mur. Il sue. Elle choisit la pointe blanche de sa calvitie avancée.
L'autre jour, il n'a pas fait attention. Il a copié la vie de son meilleur ami, décédé la semaine dernière.
Devant la Tour Ronde, sur l'île, il a partagé l'homélie funèbre avec les habitants marins et humains de l'endroit.
Depuis, il lui a emprunté son souvenir, sa vie.
Certes, il ne souhaitait pas lui faire du mal, bien au contraire. Mais le mur s'est écroulé, juste à la date de sa mort.
Jean-Charles en a oublié sa propre vie, par amour pour son vieux pote.
Alors, il a dû tout recommencer ce petit mètre de sa vie. On ne peut emprunter le destin de personne.
Par contre, il a utilisé quelques pierres de la vie de son ami afin de lui permettre d'être toujours vivant dans sa pensée. On doit utiliser quelques souvenirs partagés, les ombres de ses amis et de ses ancêtres pour les immortaliser dans nos propres murs.
Avec un petit sourire sur le cœur.
Jean-Charles avançait plus vite son travail de vie.
Un monceau de cailloux gisait tout autour du mur.
Il ne savait pas combien de temps sa force lui permettrait de combler ce trou.
Il réalisait l'immense peine qui le terrassait à l'imposante brèche de son mur.
Le granit imposait sa loi, à l'image de sa douleur.
Lourd, imposant, tel une pierre tombale disséminée sur le sable et qu'il faudrait reconstituer comme le

puzzle de leur amitié. Le granit de l'océan que les millénaires réduisent en un tas de sable, sablier du temps qui s'écoule sans graduation.

Il leva la tête, s'épongea le front, chercha du regard sa bouteille. Une gorgée lente, longue, comme pour reprendre sa respiration. Un éclair soudain pour disposer le mince morceau de schiste à la verticale de deux morceaux de granit rose.

Un bouquet de fleurs.

Il huma l'étroite crevasse et la combla par un morceau de calcite translucide.

Une bougie sans prise au vent.

Il poussa sa brouette, la remplit de rochers dont il sélectionna une à une la forme.

La marée haute poussait ses nuages vers la côte obligeant les quelques randonneurs à se dépêcher pour passer l'isthme qui en permettait l'accès à marée basse.

Seul sur Terre, seul sur l'île, seul en mer.

Avec son mur, son mur de vie et ce trou de désespérance immense qu'il mettrait des lunes à combler.

Avec des mètres verticaux plus longs qu'horizontaux.

Plus loin du trou, le mur reprenait, ce qui le poussa à penser que l'éboulement n'était en fait qu'un souvenir qu'il cherchait à garder bien au chaud dans sa mémoire.

Le mur de sa vie continuait et son esprit battait de temps en temps la chamade. Le vide se comblerait bientôt.

L'échelle du temps lui permettrait de le gravir et de voir plus loin, plus loin qu'une enceinte qui risquait de le condamner à l'emprisonnement, une sorte de mur des lamentations.

Finalement, il comprit qui si son mur de vie le guidait vers une forme de bonheur au fur et à mesure de sa construction, c'était également un piège que le destin pouvait lui tendre.

Construire sa vie pierre à pierre, la réparer quand des éboulis viennent en écraser certains passages, guérir de ses blessures, n'était ce pas l'enfermer dans un horizon restreint aux limites proches d'une prison ?

Alors, fallait-il poursuivre ?

Laisser cette brèche ouverte sur son cœur pour ouvrir l'avenir vers la liberté ?

Ne pas bâtir cette grande muraille de chine vers l'infini, sans mourir, sans avenir post mortem ?

Jean-Charles soupira. Le soleil se couchait à l'horizon de la marée basse de l'île des Ebihens.

Il respira l'air frais du large qui assistait les premières nocturnes.

Jean-Charles ferma les yeux, se cala le dos contre la chaleur d'un rocher aux éclats de feu. La nuit l'aborda, son souffle se ralentit. L'humidité marine l'envahit, comme on embaume un sarcophage.

Jean-Charles s'assoupit pour l'éternité, ayant enfin trouvé sa place.

Le lendemain, les premiers promeneurs sur l'île retrouvèrent son corps emprisonné dans la faille refermée du mur.

Jean-Charles souriait. De sa bouche, une pousse de chèvrefeuille naissante sortait dans la lumière des roches structurées. Elle parcourrait ainsi au soleil la

distance tranquille qui mène à la source du grand commencement de l'éternité.
Elle couvrirait peu à peu, comme un bouquet de fleurs sauvage, les joints de sable de la murette.

Jean-Charles, enseveli à jamais dans l'oubli des années, regarderait passer le temps des pas des promeneurs qui viendraient humer les petites roses et blanches de la plante grimpante.
Sans se douter que l'esprit de Jean-Charles exhalerait pour eux un parfum de bonheur communicatif.

Le muret, dirigé droit vers le large arborait fièrement des couleurs d'infinis.

La brouette, vide, restait le seul témoin de sa quête.

Si un jour vous souhaitez la pousser…

Jean-Charles Georges, un des propriétaires historiques dans la lignée d'un des capitaines de Surcouf de l'île des Ebihens à une encablure de la presqu'île de Saint Jacut

Le Parc

De ma plus belle canne je trace jusqu'au parc
J'ai le droit, j'ai le droit
Comme l'orange de Noël
C'est marqué sur mon ticket
De rationnement de liberté

Ils m'auront tout fait
Des guerres jusqu'aux prisons
Des folies jusqu'aux déraisons
Mais aujourd'hui
J'ai le droit, j'ai le droit

Ces jeunes boutonneux
Qui veulent m'apprendre à vivre
Qui croient que les maux
Se guérissent à coup de millions
Et que l'on gouverne
A renfort de statistiques

Laissons les s'agiter
Je suis bien au fond de mon parc
Avec les joujoux que je n'ai jamais eus
Qui ne servent à rien
Qu'à grandir sans chemin

Mais au fond de mon parc
Ici avec les effluves de mon cœur
Petit
J'ai retrouvé pour une heure
Pour une heure seulement

Mon âge et ma candeur

Je les emmerde et puis je meurs

Mon parc

Le pêcher

J'me trimbalais le cul en l'air
Avec ma jolie couche de Terre
Celle que j'pétris avec les mains
Pour construire mes lendemains

J'me trimbalais dans le jardin
Planter des soleils pour demain
Il va faire froid m'a dit grand-père
Il va faire faim dans la misère

Je regardais pousser mon arbre
Ses feuilles pointant vers les étoiles
Qui savent si bien dormir le jour
Cachées dans ma ligne de main

Je regardais grandir mon arbre
On bâtira un nouveau monde
Les arbres me mèneront au ciel
Mon doigt une branche d'étoile

J'me trimbalais sans plus trembler
Dieu m'appelait mon petit pêcher
Je suis un noyau de la Terre
Mes racines mon petit derrière

À Gatien

6/11/2020

Le rêveur

Il imaginait des poésies en silence
Sans mots entre les lignes
Les mots ça veut rien dire
C'est fait pour ceux qui ne comprennent pas
Les silences

Il composait les mélodies des jours
Sans nuit entre les minuits
Les notes ça s'écoute pas
C'est fait pour ceux qui rêvent
De silences

Il peignait des toiles en araignée
Sans couleur entre arc en ciel
Les paysages ça reste libre
C'est fait pour ceux qui croquent
Les silences

Il aimait une petite trouvée sur la route
Sans rêve entre son cœur
L'amour ça s'apprend pas
C'est fait pour ceux qui soupirent
En silence

Il pleurait des gouttes de pluie
Sans mouchoir entre les yeux
Les chagrins ça veut rien dire
C'est fait pour ceux qui savent rire
En silence

22/06/2020

Le tason

Z'avez vous jamais rencontré le tason ?

Il ressemble à une anse de siaux
Qui s'rait noyé sous l'agas d'iau
Anc ses sabiots on dirait un bergot
Qu'aurait pas butiné de fumelle

Le tason c'est un peu le dordet du village
Dans sa tête il est tout acni
Y gueurlasse toute la journée
On dirait comme une grosse treu

T'as bieau y dire tu vas pas caler !
C'est comme un luma chez l' Sacarot
Y viroune comme un agouant
Puis tout à coup s'apouèse au vent

Sous ses airs d'ardrole tout babiaud
Y s'arreuille sur les baboulottes
Pis s'écroule dans les cabassons
Le caberlot hors du cacouet

Mais moi l'tason j'y l'aime
Il est câlaud il est chachouin
Un peu chagnard quand y chantrole
De par cheu nous c'dépend'leu d'andouilles

2 Juillet 2020

Notre vie

Les plus belles heures de notre vie
On les cueille entre parenthèses
Entre nous
En parenthèses d'infini
Juste toi et moi de caresse
Le temps se fige de paresse
Le monde court dans notre oubli

Le plus beau jour de notre vie
Se cueille dans l'étau de l'amour
Une larme
Que ton cœur serre contre ma joue
Et laisse perler comme un bijou
Qui se révèle à la lumière
De l'éclair et de son tonnerre

Les plus belles nuits de notre vie
On les cueille d'astrologie
Une étoile
Tu chantes de ta voix lactée
Vers une planète inhabitée
Où le monde n'existera plus
Mort dans le trou noir des futurs

Les plus longues heures de notre vie
On les cueille du temps qui passe
Une pause
Egrainer les instants de silence

Pour mettre au monde les toujours
Mettre à genoux l'éternité
Et rire à gorge déployée

14/09/2020

Marcher

J'ai rencontré ma paire de pompes
Qui randonnait sur le sentier
Je n'savais pas ou elle allait
Alors comme une vieille semelle
Je l'ai suivie du bout des pieds

Marcher, marcher sans bruit
Marcher au bout de ma vie
Sans faire de bruit aux chemins
Pour ne pas réveiller l'instant

J'ai chaussé ma paire de lunettes
Pour marcher jusqu'à l'horizon
Je n'savais pas ou elle voyait
Alors avec ma canne blanche
J'ai tracé haut vers le soleil

Marcher, marcher sans bruit
Marcher au souffle du temps
Sans toucher le nuage du vent
Pour vivre toujours mieux l'instant

Comme en amour on fait la paire
Filant les layons de naguère
Je n'savais pas ou t'emmener
Alors le cœur vers le haut
Je t'ai emmenée au sommet

Marcher, marcher sans bruit

Marcher sur les cailloux saignants
Me blesser d'ampoules les pieds
T'éclairer sans frôler du doigt
Cette main qui bat sur ton cœur.

27/09/2020

Migration

Ils ont laissé sur leurs balcons
Leur pied de menthe et leurs pigeons
Sous un soleil brulant de plomb
Qui brulait leur cœur de béton

Ils ont fait retour en arrière
Pour envahir les prairies
Se mettre enfin un peu au vert
La chance en trèfle à quatre feuilles

Maintenant ils reviennent en arrière
Ils n'ont pas voulu écouter
Grand père qui rigole dans sa tombe

Ce sont les évadés des villes
L'appartement ça vaut perpette
La liberté dans la maison
En salpêtre de leurs grand-mères

Les rats des villes vont au champ
Grignoter bio belle campagne
Les tomates rougissent en août
En voyant le cul de grand-père

Maintenant ils reviennent en arrière
Ils n'ont pas voulu écouter
Grand père qui rigole dans sa tombe

L'argent ne fait plus la richesse

Le lopin monnaie de princesse
Les enfants découvrent la vie
Leurs rires nous saoulent de leurs ivresses

Le temps coule à l'eau du torrent
La fraicheur s'égoutte dans le vent
Fermant les yeux sur de beaux rêves
Qui deviennent réalité

Maintenant ils reviennent en arrière
Ils n'ont pas voulu écouter
Grand père qui rigole dans sa tombe

Le lendemain a un parfum
De vieillesse et de genre humain
Ici on trouve des amis
Et les filles vous traquent d'amour

Alors enfin asseyez vous
Et respirez la vie en paix
Ne retournez jamais en ville
Suivez le vert de vos chemins

Maintenant ils reviennent en arrière
Ils n'ont pas voulu écouter
Grand père qui rigole dans sa tombe

11/08/2020

Parking Supermarché

Et si l'on faisait
Ses besoins dans les buissons
Qu'on retrouvait
Ses besoins dans le foin des moissons
Les torchis colis
Pour essuyer la sueur de son front

Et si l'on faisait
L'amour au creux des roseaux
Qu'on retrouvait
L'amour sur un nid de poule d'eau
A contre courant
Pour pondre encore un enfant

Mais Parking supermarché
Le soleil qui déshydrate
Dans ton camping car
Ta liberté
Pas plus loin que ton hangar
Wc chimiques
Ça sent même pas le hasard
Rosé dans ton regard
Qui illumine
Le warning dans tes phares

Et si l'on faisait
Un p'tit tour d'aventure

Et qu'on laissait
Le gasoil dans la cuve
Un brin de nature
Loin des routes des voitures
Et si l'on faisait
Juste un demi tour
Qu'on retrouvait
Le vent qui mène à l'amour
Juste jour après jour
Vivre le temps qui court

Mais Parking supermarché
Ta hauteur limitée
Dans ton camping car
Même pas l'été
Cloué dans la réalité
Douche hydraulique
Ca colle encore à la peau
Comme un faux bronzage
Qui brille encore
De sa crème soleil

01/08/2020

Il rêvait d'être loin d'ici
En d'autres temps en d'autres lieux
Comme pour s'échapper de lui-même
L'instant et le lieu qui s'enfuient.

Pas beau dans sa peau
Trop loin et trop tôt
Pas synchro

Il est parti tard dans la nuit
A minuit peut-être à midi
Il a pris un vieux train de vie
A la grand gare des retards

Pas bien dans sa peau
Trop loin et trop tôt
Pas synchro

Il ne savait où il était

Il ne savait quand il était
L'aiguille de l'écran solaire
Dans l'ombre de lui-même

Si loin des soleils
Si loin et si tôt
Pas synchro

Il est revenu allumé
D'un jour brillant de tour de Terre
A remis sa pendule à l'heure
En la graduant d'années-lumière.

Enfin seul avec lui
Bien ici
Enfin seul dans le temps
Qui s'oublie

01/10/2020

Père et fils

Je ne peux qu'être un père
Pour toi
Plus ce serait extraordinaire
Mais suis-je seulement
Pour toi
Juste quelqu'un un peu ordinaire

Pas mieux que les hivers
Sans toi
Pour combler les silences en moi
Mais à l'autre bout de toi même
Sans moi
Tu réchauffes ta vie la bas

Je sais pas jouer au père
Tu vois
On n'apprend pas à être fort
Comment ne pas sourire souvent
En toi
Quand on voudrait pleurer tout bas

Qui t'as appris à être un fils
Pour moi
T'as grandi comme un bon p'tit gars
A petits pas tu as marché
Vers moi
Me rattraper moi le géant

Tu sais pas bien jouer au fils
En toi

Tu crois qu'un père c'est comme un Dieu
Tu deviens aveugle tu deviens sourd
Pour lui
C'est juste un homme pas pour toujours

Alors apprends moi à jouer du père
Pour nous
Guide mes doigts sur ta guitare
Joue les notes qui scellent les accords
En nous
Toi le dièse et moi le bémol

6/06/2020

Pourquoi

Au loin les moissons guettaient les nuées d'orages
La terre s'engouffrait sous mes pas
Le chemin suivait la rivière
La berge noyait mon émoi
Pourquoi suivre tant de fausses routes
Quand la vie vous guide en ses bras
Pourquoi partir vers d'autres cieux
Dans des prières d'autrefois

De toute part en nulle part
En passant de vie par trépas
On cherche l'amour bien trop loin
Quand le cœur bat si près de soi

Au loin dans les blés le vent croquait ton visage
Sans esquisser le moindre trait
Quand le souffle de l'air peignait
L'aquarelle de tes grands yeux
Pourquoi suivre tant de faux semblants
Quand la vie guide sa vérité
Pourquoi vouloir chercher mieux
Dans des mensonges de vieilles fables

De toute part en nulle part
En se cachant ses vérités
On cherche ses secrets bien trop loin
Quand la franchise vous étreint

Au loin la montagne à l'ombre des horizons

Le soleil clignait sous mes pas
Le torrent buvait mon émoi
En chantant les rochers qui dansent
Pourquoi gravir tant de zéniths
Quand la lueur éclaire tout bas
Pourquoi souffler sur la bougie
Quand elle vous montre le chemin

De toute part en nulle part
En passant de vie par trépas
On cherche la lumière si haut
Quand l'étincelle brille de joie

17/06/2020

Regarde le Mont-Blanc s'enrhume
Il est devenu allergique
Allergique à l'homme

Regarde le Mont-Blanc taciturne
Il s'ennuie sans ses neiges
Ses neiges éternelles

Je le vois chaque matin décliner
Au lever du soleil
Je le vois chaque soir s'incliner
Au lever des étoiles

Alors tu es venu descendu de l'azur

Tu as tournoyé en gypaète barbu
Ta voile multicolore soutenue par l'espace
Petit drôle qui papillonne
Tu as pris le vent
Et habillé d'hiver le vieux grand sommet blanc

Les couleurs de la vie lui ont rendu sa neige

Une goutte de pleur a fondu le long de la mer de glace

Je l'ai suivie des yeux, alors elle s'est gelée

Vol de Gaël le 13 Septembre 2020

Seuls eu monde

Habiter le monde
Il faut qu'on apprenne
A vivre avec le monde
Pas vivre sans
Pas vivre contre
Mais vivre avec le monde
Avec le monde

Aimer le monde
Il faut qu'on apprenne
L'amour avec le monde
Cesser la haine
Casser les chaines
Mais goûter le monde
Avec le monde

Chercher le monde
Il faut qu'on apprenne
A trouver le monde
Pas à l'aveugle
Pas par hasard
Mais deviner le monde
Avec le monde

Monde des ailleurs

Il n'y a pas de monde sans monde
Tu le sais bien
Mais tu ne fais rien
Un jour il y aura un monde sans toi

Tu le sais bien
Mais tu ne fais rien
Après tout ce que nous vivons
C'est peut être pas
Le bout du monde
Sans quoi sans quoi
Nous serions seuls au monde

19/06/2020

Je me suis trompé d'espèce

Un bout sur Terre
On doit passer
Un bout sur Terre
Les pieds sur Terre
On doit marcher
C'est pas la mer
A boire
C'est juste un pied
Dans la mare

Alors s'accrocher
Juste après le nuage
Qui passe
Pleuvoir sur Terre
Ruisseler d'espace
C'est pas la mer
A la petite cuillère
C'est juste un vol
De lumière

Un bout de Terre
On doit passer
Un bout de Terre
Une île sans frontière
On doit tourner
C'est que la mer
A voir
C'est juste une marée
Sans histoire

Puis crier Terre
On doit passer
Un bout de Terre
Un autre bout de monde
Sans se retourner
C'est qu'une prière
En l'air
C'est juste une guerre
A perdre

15/07/2020

Une lettre à la poste

Les postes du pays entier
Bientôt vont se fermer
Les lettres que je t'ai envolées
Au vent vont tourbillonner

Oh ! Toi mon père qui a passé
Tant et tant de nuits à trier
Les alphabets de tous les pays
Tu as tant voyagé

Oh ! Toi ma mère qui a passé
A écrire seule ses nuits d'amour
Sur parchemin de son retour
En guettant le cri du jour

La moustache de mon facteur
Sa casquette en bandoulière
Toujours une seconde à l'heure
Son chant timbré d'humour

Si tu deviens porte parole
N'oublie jamais qu'une plume
Ecrit l'amour comme une craie
Dans l'encrier du temps

Les postes du pays entier
Bientôt vont se fermer
Les lettres que je t'ai envolées
Tu ne les as jamais relues

7/09/2020

Vieux Bob

Des gens d'accord sur rien à propos de tout...[1]
C'est la ballade
Que fredonne le monde en balade
L'unanimité sans immunité

Vieux Bob tu te grattes
Les accords de guitare avec toi même
Sans désaccord ta conscience
L'humanité passe

Des gens pourvus de tout à la recherche de rien
C'est le refrain
Que le temps glisse en habitude
Tout au creux de leurs riens

Vieux Bob tu soupires
Dans l'harmonica tes va et vient
Sans désaccord ta mélodie
L'humanité crisse

Des gens qui ignorent tout de ce qu'ils ont appris
C'est l'histoire
Que le sang verse dans les futurs
Tout au creux de tes veines

---

[1] Vers emprunté à Bob Dylan
« Regarde couler le fleuve »

Alors vieux Bob tu regardes
Tu jettes un œil puis le reprends
Sans cligner tu t'endors
L'humanité s'aveugle

20/06/2020

L'Esprit du Vent

Je l'ai reconnu
Il souffle sans faiblir
Je l'ai reconnu
Il écrit sans faillir

Souffle du vent
Esprit du poète
Leur rencontre me ravit

Mystère de la vie
Mystère de l'écrit

Le poète a langui
Le vent a murmuré
Le poète a écrit
Le vent l'a épaulé

Mystère de la vie
Mystère de l'esprit
Leur rencontre me ravit

Ode au Poète

Claudine